La Description
de la
Prière du Prophète

Par son éminence le cheikh
ʿAbdul-ʿAzîz Ibn ʿAbdullâh Ibn Bâz
Qu'Allah lui fasse miséricorde

*Au nom d'Allah,
L'infiniment Miséricordieux, le très
Miséricordieux*

La Description de la Prière du Prophète ﷺ

La description de la prière

Louange à Allah et que la prière et le salut soient sur le serviteur et le Messager d'Allah, Muḥammad, sa famille et ses Compagnons.

J'adresse ces quelques paroles à tout musulman et musulmane pour expliquer comment le Prophète ﷺ accomplissait la prière, afin qu'ils fournissent des efforts pour se conformer aux actes du Prophète, [mettant ainsi en pratique] sa parole, après en avoir pris connaissance :

(صَلُّوا كَمَا رَأَيْتُمُونِي أُصَلِّي)

« *Priez comme vous m'avez vu le faire.* »[1]

---

[1] Rapporté par Al-Bukhârî.

La Description de la Prière du Prophète ﷺ

1- Il faut d'abord faire les ablutions avec le plus grand soin, c'est-à-dire comme Allah ﷻ l'a prescrit dans Sa parole :

﴿يَا أَيُّهَا الَّذِينَ آمَنُوا إِذَا قُمْتُمْ إِلَى الصَّلَاةِ فَاغْسِلُوا وُجُوهَكُمْ وَأَيْدِيَكُمْ إِلَى الْمَرَافِقِ وَامْسَحُوا بِرُءُوسِكُمْ وَأَرْجُلَكُمْ إِلَى الْكَعْبَيْنِ﴾

« *Ô vous qui avez cru ! Quand vous vous levez pour la prière, lavez-vous le visage et les mains jusqu'aux coudes, passez-vous les mains sur la tête et [lavez-vous] les pieds jusqu'aux chevilles.* »[2]

... Et selon la parole du Prophète ﷺ :

(لَا تُقْبَلُ صَلَاةٌ بِغَيْرِ طَهُورٍ وَلَا صَدَقَةٌ مِنْ غُلُولٍ)

« *La prière sans ablutions et l'aumône provenant d'un escroc ne sont pas acceptées.* »[3]

2- La personne qui veut prier se dirige, où qu'elle se trouve, en direction de la *Qiblah* (c'est-

---

[2] La Table Servie, verset 6.

[3] Rapporté par Muslim dans son recueil authentique.

à-dire la Mecque ou *Al-Ka{c}abah*) et lui fait face de tout son corps, en ayant l'intention dans son cœur de faire la prière, qu'elle soit obligatoire ou surérogatoire. Elle ne doit pas prononcer l'intention, ceci n'est pas permis ; c'est une innovation (*Bid{c}ah*) car le Prophète ﷺ ne l'a jamais fait, ni ses Compagnons – qu'Allah les agrée.

Il est recommandé de mettre un objet devant soi, en direction duquel on prie, (pour empêcher les gens de passer), que l'on préside la prière ou que l'on prie seul, en application de l'ordre du Prophète ﷺ.

3- On prononce la première formule de grandeur de son Seigneur (*Takbîr*) qui est le *Takbîratu-l-Ihrâm* :

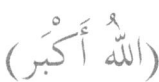

(*Allâhu 'Akbar*)

« *Allah est le Plus Grand* », en fixant le regard vers l'endroit de la prosternation.

4- On lève les deux mains, au moment du *Takbîr*, parfois au niveau des épaules, parfois au niveau des oreilles.

5- On place les mains sur la poitrine, en posant la main droite sur la main gauche, le poignet et l'avant-bras, tel que c'est mentionné dans un hadith rapporté par Wâ'il Ibn Hujr, et Qubaysah Ibn Hulub At-Tâ'îy selon son père – qu'Allah les agrée.

6- Prononcer l'invocation d'ouverture fait partie de la tradition du Prophète (*Sunnah*) :

(اللَّهُمَّ بَاعِدْ بَيْنِي وَ بَيْنَ خَطَايَايَ كَمَا بَاعَدْتَ بَيْنَ المَشْرِقِ وَ المَغْرِبِ ، اللَّهُمَّ نَقِّنِي مِنْ خَطَايَايَ كَمَا يُنَقَّى الثَّوْبُ الأَبْيَضُ مِنَ الدَّنَسِ ، اللَّهُمَّ اغْسِلْنِي مِنْ خَطَايَايَ بِالمَاءِ وَ الثَّلْجِ وَ البَرَدِ)

« *Ô Allah ! Eloigne de moi mes péchés comme tu as éloigné l'orient de l'occident. Ô Allah ! Purifie-moi de mes péchés comme on nettoie le vêtement blanc de sa saleté. Ô Allah ! Purifie-moi de mes péchés avec l'eau, la neige et la grêle.* »[4]

Si on veut, on peut dire à la place :

---

[4] Rapporté par Al-Bukhârî et Muslim, selon Abû Hurayra – qu'Allah l'agrée.

La Description de la Prière du Prophète ﷺ

(سُبْحَانَكَ اللَّهُمَّ وَ بِحَمْدِكَ وَتَبَارَكَ اسْمُكَ وَتَعالَى جَدُّكَ وَلَا إِلَهَ غَيْرُكَ)

« Gloire et pureté à Toi, ô Allah, et à Toi la louange. Que ton Nom soit béni et Ta Majesté soit élevée, et il n'y a pas d'autre divinité [digne d'adoration] en dehors de Toi. »

(Sub*h*ânak Allâhumma wa Bi*h*amdika wa Tabâraka-Smuka, wa Ta^câla Jadduka wa lâ Ilâha Ghayruk)

Il est confirmé que le Prophète ﷺ a prononcées ces deux formules. Si on souhaite prononcer d'autres invocations rapportées de manière sûre du Prophète ﷺ, il n'y pas de mal. Et si on prononce de temps en temps celle-ci et de temps en temps, celle-là, c'est préférable, car c'est se conformer encore plus aux actes du Prophète.

Puis, on dit :

(أَعُوذُ بِاللهِ مِنَ الشَّيْطَانِ الرَّجِيمِ بِسْمِ اللهِ الرَّحْمَنِ الرَّحِيمِ)

« Je me mets sous la protection d'Allah contre Satan le lapidé. Au Nom d'Allah le Tout Miséricordieux, le Très Miséricordieux. »

(A^cûdhu billâhi minash-Shaytân ir-Rajîm, Bismillah ir-Ra*h*mân ir-Ra*h*îm.)

Ensuite, on récite la sourate *Al-Fâtihah* (Le Prologue) selon la parole du Prophète ﷺ :

(لاَ صَلاةَ لِمَنْ لَمْ يَقرَأُ بِفَاتِحَةِ الكِتَاب)

« *Pas de prière pour celui qui ne récite pas le premier chapitre du Coran [c.-à-d. Al-Fâtihah].* »

Puis, on dit, après cette récitation : (آمِين) (*Âmîn*) à voix haute dans les prières à voix haute, et à voix basse, dans les prières à voix basse.

On récite ensuite (une sourate ou un passage) du Coran. Il est préférable que l'on récite, dans les prières du *Dhouhr*, de l'*Asr*, et de l'*Ishâ'*, les sourates moyennes, dans le *Fajr*, les sourates les plus longues, et dans le *Maghrib*, les plus courtes. Mais, parfois au cours de cette dernière prière, on peut réciter des sourates longues ou moyennes, comme l'a fait le Prophète ﷺ. Il est religieusement correct que la prière de l'*Asr* soit plus courte que celle du *Dhouhr*.

7- On s'incline ensuite en prononçant le *Takbîr* (*Allâhu 'Akbar*), tout en levant les mains au niveau des épaules ou des oreilles. [Une fois incliné,] Il faut que la tête soit dans le prolongement du dos, les mains sur les genoux, les doigts écartés ; on marque un temps d'arrêt en disant :

(سُبْحَانَ رَبِّيَ العَظِيم)

« Gloire et pureté à mon Seigneur le Très Grand. »
(Sub<u>h</u>âna Rabbiy-al-ᶜA<u>z</u>hîm)

Il est préférable de répéter cette formule trois fois ou plus.

Il est recommandé d'ajouter ceci :

(سُبْحَانَكَ اللَّهُمَّ رَبَّنَا وَبِحَمْدِكَ اللَّهُمَّ اغْفِرْ لِي)

« Gloire et pureté à Toi, ô Allah, notre Seigneur, et à Toi la louange. Ô Allah, pardonne-moi. »

(Sub<u>h</u>ânak Allâhumma Rabbanâ wa Bi<u>h</u>amdika Allâhumma Ghfirlî)

8- Puis, on se redresse de l'inclinaison, et on lève les mains au niveau des épaules ou des oreilles, en disant :

(سَمِعَ اللهُ لِمَنْ حَمِدَه)

« Qu'Allah exauce celui qui L'a loué. » (Samiᶜ-Allâhu liman <u>H</u>amidah) que la personne mène la prière (en groupe), ou bien qu'elle prie derrière un imam.

La Description de la Prière du Prophète ﷺ

Après s'être redressé, on dit :

(رَبَّنَا وَلَكَ الْحَمْدُ حَمْداً كَثِيراً طَيِّباً مُبَارَكاً فِيهِ ، مِلْءُ السَّمَاوَاتِ وَمِلْءُ الأَرْضِ وَمِلْءُ مَا بَيْنَهُمَا وَمِلْءُ مَا شِئْتَ مِنْ شَيْءٍ بَعْدُ..)

« *Notre Seigneur, à Toi la louange, une louange abondante, pure et bénie, qui remplit les cieux et la terre et ce qu'il y a entre les deux, et qui remplit tout ce que Tu voudras au-delà de cela...* »

(*Rabbanâ wa lakal-Hamd Hamdan Kathîran Tayyiban Mubârakan fîh, Mil'us-Samâwât wa Mil'ul-'Ardh wa Mil'u mâ baynahumâ wa Mil'u mâ Shi'ta min Shay'in baᶜd...*)

C'est bien si l'on rajoute après cela :

(أَهْلُ الثَّنَاءِ وَالْمَجْدِ أَحَقُّ مَا قَالَ الْعَبْدُ وَكُلُّنَا لَكَ عَبْدٌ اللَّهُمَّ لاَ مَانِعَ لِمَا أَعْطَيْتَ وَلاَ مُعْطِيَ لِمَا مَنَعْتَ وَلاَ يَنْفَعُ ذَا الْجَدِّ مِنْكَ الْجَدُّ)

« *Tu es Digne d'éloges et de grandeur, c'est la parole la plus véridique que le serviteur puisse dire et nous sommes tous Tes serviteurs. Nul ne peut retenir ce que Tu as donné et nul ne peut donner ce que Tu as retenu. Le fortuné ne trouve dans sa fortune aucune protection contre Toi* », car il est prouvé dans certains hadiths authentiques que le Prophète ﷺ l'a dit.

Par contre, si l'on prie derrière l'imam, on dit en se relevant [de l'inclinaison] :

(رَبَّنَا وَلَكَ الحَمْد)

(Rabbanâ wa lakal-Hamd)

... puis, tout ce qui a été mentionné ci-dessus.

Il est recommandé que l'imam et la personne qui prie derrière lui placent [à nouveau] les mains sur la poitrine, comme ils l'ont fait en position debout, avant l'inclination, selon la pratique du Prophète ﷺ confirmée dans le hadith de Wâ'il ibn Hujr et Sahl ibn Sa‘d - qu'Allah les agrée.

9- Puis, on se prosterne en prononçant le *Takbîr*, en posant les genoux au sol avant les mains, si on y arrive ; mais si cela pose problème, on peut poser les mains avant les genoux. Les doigts des mains et des pieds sont dirigés vers la *Qiblah* ; les doigts des mains sont joints entre eux. On repose sur les sept membres suivants : le front et le nez, les (deux) mains, les (deux) genoux, la plante des (deux) pieds –les orteils repliés. On dit alors :

(Subhâna Rabbiy-al-A‘lâ)

La Description de la Prière du Prophète ﷺ

« *Gloire et pureté à mon Seigneur le Très Haut* » ... trois fois ou plus.

Il est recommandé de dire après cela également :

(سُبْحَانَكَ اللَّهُمَّ رَبَّنَا وَبِحَمْدِكَ اللَّهُمَّ اغْفِرْ لِي)

« *Gloire et pureté à Toi, ô Allah, notre Seigneur, et à Toi la louange. Ô Allah, pardonne-moi.* »

(Subhânak Allâhumma Rabbanâ wa Bihamdika Allâhumma Ghfirlî)

On s'efforce de faire le plus d'invocations possible, car le Prophète ﷺ a dit :

(أَمَّا الرُّكُوعُ فَعَظِّمُوا فِيهِ الرَّبَّ وَأَمَّا السُّجُودُ فَاجْتَهِدُوا فِي الدُّعَاءِ فَقَمِنٌ أَنْ يُسْتَجَابَ لَكُمْ)

« *Dans l'inclinaison, proclamez la grandeur du Seigneur ; quant à la prosternation, faites dans cette posture beaucoup d'invocations, car elles sont plus à même d'être acceptées par Allah.* »[5] ... Et il a dit aussi :

---

[5] Rapporté par Muslim.

La Description de la Prière du Prophète ﷺ

(أَقْرَبُ مَا يَكُونُ العَبْدُ مِن رَبِّهِ وهوَ سَاجِدٌ فَأَكْثِرُوا الدُّعَاءَ)

« *La position dans laquelle le serviteur se trouve le plus proche de son Seigneur est lorsqu'il est prosterné. Faites donc le plus d'invocations possible [dans cette posture].* »[6]

On demande à Allah, le bien de ce bas-monde et de l'au-delà, pour soi-même et les autres musulmans, que la prière que l'on accomplit soit une prière obligatoire ou surérogatoire. On écarte les coudes de ses côtes, le ventre de ses cuisses, et les cuisses de ses mollets. On lève les avant-bras au-dessus du sol, selon la parole du Prophète ﷺ :

(وَاعْتَدِلُوا في السُّجُودِ وَلاَ يَبْسُطُ أَحَدُكُمْ ذِرَاعَيْهِ انْبِسَاطَ الكَلْبِ)

« *Et restez en prosternation sans bouger, et n'allongez pas vos avant-bras comme le fait le chien.* »[7]

10- On relève ensuite la tête en prononçant le *Takbîr*, on étend son pied gauche sur le sol (sous soi) de manière à s'asseoir dessus, [la jambe droite

---

[6] Rapporté par Muslim.
[7] Rapporté par Al-Bukhârî et Muslim.

repliée], le pied droit relevé, et on pose les mains sur les cuisses et les genoux. On dit alors :

(رَبِّ اغْفِرْ لِي رَبِّ اغْفِرْ لِي رَبِّ اغْفِرْ لِي اللَّهُمَّ اغْفِرْ لِي وَارْحَمْنِي وَارْزُقْنِي وَعَافِنِي وَاهْدِنِي واجْبُرْنِي)

« *Seigneur, pardonne-moi, Seigneur, pardonne-moi, Seigneur, pardonne-moi. Ô Seigneur, pardonne-moi, accorde-moi Ta miséricorde ; accorde-moi ma subsistance et le salut, guide-moi et panse mes blessures.* »

(Rabbi Ghfirlî, Rabbi Ghfirlî, Rabbi Ghfirlî, Allâhumma Ghfirlî wa-Rhamnî, wa-Rzuqnî wa ᶜÂfinî wa-Hdinî wa-Jburnî.)

On marque une pause de manière à ce que toutes les vertèbres reprennent leur place, comme on l'a fait en se relevant de l'inclinaison, car le Prophète marquait une longue pause, après l'inclination et entre les deux prosternations.

11- On se prosterne ensuite pour la deuxième fois en prononçant le *Takbîr*, et on fait la même chose que ce que l'on a fait la première fois.

12- On relève la tête en prononçant le *Takbîr*, et on s'assied comme on l'a fait entre les deux prosternations, mais un moment très court. Cette courte pause s'appelle la position du repos

(*Jalsatu-l-'Istirâhah*) et il est recommandé de la faire, selon l'avis le plus correct des savants. Si on ne la fait pas, il n'y pas de mal. On ne prononce dans cette posture aucune formule de rappel, ni d'invocation.

On se lève ensuite pour la deuxième unité de prière (*Rak^cah*), en s'appuyant sur ses genoux, et si cela cause une difficulté, on peut s'appuyer avec ses mains sur le sol. On lit la sourate *Al-Fâtihah* et (une sourate ou un passage) du Coran, après cela, comme on l'a fait dans la première *Rak^cah* ; ensuite, on procède de la même manière que dans la première *Rak^cah*.

[Remarque]

Il n'est pas autorisé à celui qui prie derrière l'imam de le précéder, car le Prophète a mis en garde sa communauté contre cela. De même, il est détestable de faire les mouvements **en même temps** que lui ; la tradition du Prophète (*As-Sunnah*) veut que celui qui prie derrière l'imam fasse les mouvements après lui, sans tarder, juste après qu'il ait terminé de prononcer [le *Takbîr*], selon la parole du Prophète :

La Description de la Prière du Prophète ﷺ

(إِنَّمَا جُعِلَ الإِمَامُ لِيُؤْتَمَّ بِهِ فَلاَ تَخْتَلِفُوا عَلَيْهِ فَإِذَا كَبَّرَ فَكَبِّرُوا وَإِذَا رَكَعَ فَارْكَعُوا. إِذَا قَالَ سَمِعَ اللهُ لِمَنْ حَمِدَهُ فَقُولُوا رَبَّنَا وَلَكَ الْحَمْدُ وَإِذَا سَجَدَ فَاسْجُدُوا)

« L'imam a été désigné pour être suivi ; donc ne le précédez pas, et ne tardez pas à suivre ses mouvements. S'il dit « Allâhu 'Akbar », dites « Allâhu 'Akbar » (après lui) ; s'il s'incline, inclinez-vous (après lui) ; s'il dit « Allah a entendu celui qui L'a louangé », dites « Ô Seigneur, à Toi la louange » ; et lorsqu'il se prosterne, prosternez-vous (après lui). »[8]

13- Si la prière comporte deux unités de prière, comme le *Fajr*, la prière du Vendredi ou de l'Aïd, on s'assied après avoir relevé la tête de la deuxième prosternation, le pied droit relevé, en étendant le pied gauche sur le sol (sous soi). On pose la main droite sur la cuisse droite, en serrant le poing sauf l'index que l'on pointe vers l'avant, lorsque l'on mentionne le nom d'Allah, dans la formule du *Tawhîd* et les invocations. On peut aussi garder l'annulaire et l'auriculaire de la main

---

[8] Rapporté par Al-Bukhârî et Muslim.

La Description de la Prière du Prophète ﷺ

droite pliés, former une boucle avec le pouce et le majeur et pointer son index vers l'avant. Ces deux manières ont été rapportées, et le mieux est de faire parfois ceci, parfois cela. La main gauche est posée sur la cuisse et le genou gauches.

On lit alors la formule de l'attestation (*at-Tachahhud*) :

(التَّحِيَّاتُ لله وَالصَّلوَاتُ الطَّيِّبَاتُ السَّلامُ عَلَيْكَ أَيُّهَا النَّبِيُّ وَرَحْمَةُ اللهِ وَبَرَكَاتُهُ السَّلامُ عَلَيْنَا وَعَلَى عِبَادِ اللهِ الصَّالِحِينَ أَشْهَدُ أَنْ لاَ إِلَهَ إِلاَّ اللهُ وَأَشْهَدُ أَنَّ مُحَمَّدًا عَبْدُهُ وَرَسُولُهُ)

« *Les salutations sont pour Allah, ainsi que les prières et les bonnes œuvres. Que le salut soit sur toi, ô Prophète, ainsi que la miséricorde d'Allah et Ses bénédictions. Que le salut soit sur nous et sur les serviteurs vertueux d'Allah. J'atteste qu'il n'y pas de divinité [digne d'adoration] en dehors d'Allah, et j'atteste que Muhammad est Son serviteur et Son messager.* »

(*At-Tahiyyâtu Lilâhi was-Salâwâtu wat-Tayyibâtu, as-Salâmu ᶜalayka Ayyuhan-Nabiyyu wa Rahmatu-Llâhi wa Barakâtuhu, as-Salâmu ᶜAlayna wa ᶜalâ-ᶜIbâdillâh is-*

La Description de la Prière du Prophète ﷺ

Sâlihîna, Ash-hadu an lâ Ilâha Illallâhu wa ash-Hadu anna Muhammadan ᶜAbduhu wa Rassûluh.)

Puis, on dit :

(اللَّهُمَّ صَلِّ عَلَى مُحَمَّدٍ وَعَلَى آلِ مُحَمَّدٍ كَمَا صَلَّيْتَ عَلَى إِبْرَاهِيمَ وَعَلَى آلِ إِبْرَاهِيمَ إِنَّكَ حَمِيدٌ مَجِيدٌ وَبَارِكْ عَلَى مُحَمَّدٍ وَعَلَى آلِ مُحَمَّدٍ كَمَا بَارَكْتَ عَلَى إِبْرَاهِيمَ وَآلِ إِبْرَاهِيمَ إِنَّكَ حَمِيدٌ مَجِيدٌ)

« Ô Seigneur, prie sur Muhammad et sur la famille de Muhammad comme Tu as prié sur Ibrâhîm et sur la famille d'Ibrâhîm, Tu es certes Digne de louange et de glorification. Ô Seigneur, accorde Tes bénédictions à Muhammad et à la famille de Muhammad comme Tu as accordé Tes bénédictions à Ibrâhîm et à la famille d'Ibrâhîm, Tu es certes Digne de louange et de glorification. »[9]

(Allâhumma Salli ᶜala Muhammadin wa ᶜala Âli Muhammadin, kama Sallayta ᶜala Ibrâhîma wa ᶜala Âli Ibrâhîma, Innaka Hamîdun Majîd. wa Bârik ᶜala Muhammadin wa ᶜala Âli Muhammadin, kama Bârakta ᶜala Ibrâhîma wa ᶜala Âli Ibrâhîma, Innaka Hamîdun Majîd.)

---

[9] Rapporté par Al-Bukhârî et Muslim.

La Description de la Prière du Prophète ﷺ

Ensuite, on invoque Allah contre quatre choses :

(اللَّهُمَّ إِنِّي أَعُوذُ بِكَ مِنْ عَذَابِ جَهَنَّم وَمِنْ عَذَابِ القَبْرِ وَمِنْ فِتْنَةِ المَحْيَا وَالمَمَاتِ وَمِنْ فِتْنَةِ المَسِيحِ الدَّجَّالِ)

« Ô Seigneur, je cherche refuge auprès de Toi contre le châtiment de l'enfer, le châtiment de la tombe, l'épreuve de la vie et de la mort et l'épreuve du Faux Messie. »

(Allâhumma innî Aᶜûdhu Bika min ᶜAdhâbi Jahannami wa min ᶜAdhâb il-Qabri wa min Fitnat il-Maḥyâ wal-Mamât, wa min Fitnat il-Massîḫ id-Dajjâl.)

On demande ensuite à Allah ce que l'on veut comme bienfait ici-bas ou dans l'au-delà ; c'est bien de faire des invocations en faveur de ses parents, ou d'autres musulmans. Ceci se fait, aussi bien dans une prière obligatoire que surérogatoire, car la parole du Prophète ﷺ, dans le hadith rapporté par Ibn Masᶜûd décrivant ce que faisait le Prophète dans le *Tachahhud*, est générale :

(ثُمَّ لِيَتَخَيَّرْ مِنَ الدُّعَاءِ أَعْجَبَهُ إِلَيْهِ فَيَدْعُو)

« Ensuite, qu'il choisisse parmi les invocations ce qui lui plaît, et qu'il invoque. »

Dans une autre version :

(ثُمَّ لِيَخْتَرْ مِنَ المَسْأَلَةِ مَا شَاءَ)

« *Ensuite, qu'il demande ce qu'il veut...* » et cela englobe tout ce qui peut être bénéfique au serviteur ici-bas et dans l'au-delà.

Puis, on salue [en tournant la tête] vers la droite et vers la gauche, en disant :

(السَّلامُ عَلَيْكُمْ وَرَحْمَةُ اللهِ.. السَّلامُ عَلَيْكُمْ وَرَحْمَةُ اللهِ)

« *Que le salut et la miséricorde d'Allah soient sur vous... Que le salut et la miséricorde d'Allah soient sur vous.* »

(As-Salâmu ᶜAlaykum wa Ra*h*matullâh, as-Salâmu ᶜAlaykum wa Ra*h*matullâh)

14- Si la prière comporte trois unités de prière, comme le *Maghrib*, ou quatre, comme le *Dhouhr*, l'*Asr*, ou l'*Ishâ'*, on récite le *Tachahhud* mentionné précédemment, la prière sur le Prophète, puis on se lève en s'appuyant sur ses genoux ; [une fois debout,] on lève les mains à hauteur des épaules en disant :

(اللهُ أَكْبَرُ)

« *Allah est le Plus Grand.* »
(*Allâhu Akbar*)

On met les mains sur la poitrine, comme décrit précédemment, et on lit la sourate *Al-Fâtihah* seulement. Il n'y a pas de mal, au cours de la prière du *Dhouhr*, à réciter de temps en temps, en plus de la *Fâtihah*, dans la troisième et la quatrième *Rakᶜah*, un passage du Coran, selon le hadith authentique rapporté par Abû Saᶜîd – qu'Allah l'agrée.

Puis, on récite le *Tachahhud* après la troisième *Rakᶜah* du *Maghrib*, ou après la quatrième, pour le *Dhouhr*, l'*Asr*, ou l'*Ishâ'* ; on récite aussi la prière sur le Prophète ﷺ, on cherche refuge auprès d'Allah contre le châtiment de l'enfer, le châtiment de la tombe, l'épreuve de la vie et de la mort, et l'épreuve du Faux Messie ; et enfin, on fait beaucoup d'invocations.

Parmi les invocations permises à ce moment-là, on peut citer :

La Description de la Prière du Prophète ﷺ

﴿رَبَّنَا آتِنَا فِي الدُّنْيَا حَسَنَةً وَفِي الْآخِرَةِ حَسَنَةً وَقِنَا عَذَابَ النَّارِ﴾

« *Seigneur ! Accorde-nous belle part ici-bas, et belle part aussi dans l'au-delà, et protège-nous du châtiment du Feu !* »[10]

(Rabbanâ Âtina fid-Duniya Hassanatan wa fil-Âkhirati Hassanatan wa Qinâ 'Adhaban-Nâr)

... comme l'a rapporté Anas – qu'Allah l'agrée – qui a dit :

(كَانَ أَكْثَرُ دُعَاءِ النَّبِيِّ صَلَّى اللهُ عَلَيْهِ وَسَلَّم رَبَّنَا آتِنَا فِي الدُّنْيَا حَسَنَةً وَفِي الْآخِرَةِ حَسَنَةً وَقِنَا عَذَابَ النَّارِ)

« L'invocation que le Prophète ﷺ récitait le plus est : « *Ô Seigneur, accorde-nous un bienfait ici-bas, et un bienfait dans l'au-delà, et protège-nous du châtiment de l'enfer.* »

Puis, on s'assied comme on l'a décrit pour la prière de deux *Rak'ah*, sauf que l'on passe sa jambe gauche sous la jambe droite, on s'assied sur le sol,

---

[10] La Vache, v. 201.

le pied droit relevé, comme le confirme le hadith d'Abû Humayd.

Puis, on salue [en tournant la tête] vers la droite et vers la gauche, en disant :

(السَّلَامُ عَلَيْكُم وَرَحْمَةُ اللّٰه.. السَّلَامُ عَلَيْكُم وَرَحْمَةُ اللّٰه)

« *Que le salut et la miséricorde d'Allah soient sur vous… Que le salut et la miséricorde d'Allah soient sur vous.* »

(As-Salâmu ᶜAlaykum wa Rahmatullâh, as-Salâmu ᶜAlaykum wa Rahmatullâh)

La Description de la Prière du Prophète ﷺ

Les invocations après la prière

On prononce la formule de demande de pardon trois fois :

(اسْتَغْفِرُ اللهَ)

« Je demande pardon à Allah. » Puis, on dit :

(اللَّهُمَّ أَنْتَ السَّلامُ وَمِنْكَ السَّلامُ تَبَارَكْتَ يَا ذَا الجَلالِ وَالإِكْرَامِ لَا إِلَهَ إِلَّا اللهُ وَحْدَهُ لَا شَرِيكَ لَهُ. لَهُ الْمُلْكُ وَلَهُ الحَمْدُ وَهُوَ عَلَى كُلِّ شَيْءٍ قَدِيرٍ. اللَّهُمَّ لَا مَانِعَ لِمَا أَعْطَيْتَ وَلَا مُعْطِيَ لِمَا مَنَعْتَ وَلَا يَنْفَعُ ذَا الجَدِّ مِنْكَ الجَدُّ. لَا حَوْلَ وَلَا قُوَّةَ إِلَّا بِاللهِ لَا إِلَهَ إِلَّا اللهُ وَلَا نَعْبُدُ إِلَّا إِيَّاهُ. لَهُ النِّعْمَةُ وَلَهُ الفَضْلُ وَلَهُ الثَّنَاءُ الحَسَنُ لَا إِلَهَ إِلَّا اللهُ مُخْلِصِينَ لَهُ الدِّينَ وَلَوْ كَرِهَ الكَافِرُونَ)

(Allâhumma Antas-Salâm wa Minkas-Salâm Tabârakta Yâ Dhâl-Jalâl wal-Ikrâm. Lâ Ilâha Ill-Allâh Wa<u>h</u>dahu lâ Sharîka Lah. Lahul-Mulk wa Lahul-<u>H</u>amd wa Huwa ᶜalâ Kulli Shay'in Qadîr. Allâhumma lâ Mâniᶜa limâ Aᶜ<u>t</u>ayt wa lâ Muᶜtiya limâ Manaᶜt wa lâ yanfaᶜu dhâl-Jaddi Minkal-

Jadd. Lâ Huwla wa lâ Quwwata illâ billâh. Lâ Ilâha ill-Allâh wa lâ Na^cbudu illâ Iyyâh. Lahu Ni^cmatu wa Lahul-Fadhlu wa lahu-Thanâ'ul-Hassan. Lâ Ilâha ill-Allâhu Mukhlisîna lahu-Dîn wa law Karihal-Kâfirûn)

« Ô Seigneur ! Tu es la Paix et la paix vient de Toi. Béni sois-Tu, ô Digne de glorification et de magnificence. Il n'y a pas d'autre divinité [digne d'adoration] qu'Allah, Unique, sans associé. A Lui la royauté, à Lui la louange et Il est Capable de toute chose. Ô Seigneur ! Nul ne peut retenir ce que Tu as donné et nul ne peut donner ce que Tu as retenu. Le fortuné ne trouve dans sa fortune aucune protection efficace contre Toi. Il n'y a de puissance ni de force qu'en Allah. Nulle divinité [digne d'adoration] sauf Allah et nous n'adorons que Lui, la grâce et la générosité sont à Lui. C'est à Lui que vont les belles formules de louange. Nulle divinité [digne d'adoration] sauf Allah. Nous Lui vouons un culte exclusif en dépit de la haine des mécréants. »

Puis, on prononce trente-trois fois chacune des formules suivantes :

(سُبْحَانَ اللهِ ، الْحَمْدُ لِلَّهِ وَ اللهُ أَكْبَرُ)

(Subhân-Allâh wal-Hamdulilâh wal-Allâhu Akbar)

Pour compléter cent, on dit :

La Description de la Prière du Prophète ﷺ

(لاَ إِلَهَ إِلاَّ اللهُ وَحْدَهُ لاَ شَرِيكَ لَهُ، لَهُ المُلْكُ وَلَهُ الحَمْدُ، وَهُوَ عَلَى كُلِّ شَيْءٍ قَدِيرٍ)

(Lâ Ilâha Ill-Allâh Wahdahu lâ Sharîka Lah. Lahul-Mulk wa Lahul-Hamd wa Huwa ᶜalâ Kulli Shay'in Qadîr)

On récite, après chaque prière :

- le verset du Repose-Pied[11] (*Âyatu-l-Kursîy*).
- la sourate *Al-Ikhlâs* (le Monothéisme Pur) :

﴿قُلْ هُوَ اللَّهُ أَحَدٌ﴾

- la sourate *Al-Falaq* (l'Aube Naissante) :

﴿قُلْ أَعُوذُ بِرَبِّ الْفَلَقِ﴾

- la sourate *An-Nâss* (les Hommes) :

﴿قُلْ أَعُوذُ بِرَبِّ النَّاسِ﴾

Il est recommandé de les lire trois fois chacune, après les prières du *Fajr* et du *Maghrib*, selon le hadith authentique rapporté du Prophète ﷺ. Il est également recommandé après ces deux prières, en

---

[11] La Vache, v. 255.

plus des invocations citées ci-dessus, de réciter dix fois la formule :

(لَا إِلَهَ إِلَّا اللهُ وَحْدَهُ لَا شَرِيكَ لَهُ ، لَهُ الْمُلْكُ وَلَهُ الْحَمْدُ يُحْيِي وَيُمِيتُ وَهُوَ عَلَى كُلِّ شَيْءٍ قَدِيرٌ)

« Il n'y a pas d'autre divinité [digne d'adoration] qu'Allah, Unique, sans associé. A Lui la royauté, à Lui la louange, Il donne la vie, Il donne la mort et Il est Capable de toute chose. »

(Lâ Ilâha Ill-Allâh Wahdahu lâ Sharîka Lah. Lahul-Mulk wa Lahul-Hamd Yuhyî wa Yumît wa Huwa ᶜalâ Kulli Shay'in Qadîr)

Si la personne qui prie est l'imam, il se tourne vers les gens et leur fait face après avoir récité trois fois la formule de demande de pardon, et la formule :

(اللَّهُمَّ أَنْتَ السَّلَامُ وَمِنْكَ السَّلَامُ تَبَارَكْتَ يَا ذَا الْجَلَالِ وَالْإِكْرَامِ)

« Ô Seigneur ! Tu es la Paix et la paix vient de Toi. Béni sois-Tu, ô Digne de glorification et de magnificence. »

La Description de la Prière du Prophète ﷺ

(*Allâhumma Antas-Salâm wa Minkas-Salâm Tabârakta Yâ Dhâl-Jalâl wal-Ikrâm.*)

Puis, il récite les invocations mentionnées ci-dessus, comme le prouvent de nombreux hadiths du Prophète ﷺ. Parmi ces hadiths, on trouve le hadith de ᶜÂ'ishah, rapporté par Muslim ; toutes ces invocations font partie de la *Sunnah* et ne sont pas obligatoires.

Les prières surérogatoires

Il est recommandé à chaque musulman et musulmane de prier :
- quatre *Rak^{c}ât* (surérogatoires) avant la prière du *Dhouhr*, et deux, après ;
- deux, après le *Maghrib* ;
- deux, après l'*Ishâ'* ;
- deux, avant le *Fajr*.

Le nombre total de ces *Rak^{c}ât* fait douze ; ces prières s'appellent « les prières continuelles » (*Rawâtib*) car le Prophète ne les délaissait jamais, lorsqu'il n'était pas en voyage.

Par contre, lorsqu'il était en voyage, il délaissait celles-ci sauf les deux *Rak^{c}ât* avant le *Fajr*, et la prière du *Witr* ; il ne les délaissait ni en voyage, ni lorsqu'il était chez lui. Et nous avons certes dans la personne du Prophète ﷺ, le meilleur exemple, selon la parole d'Allah ﷻ :

La Description de la Prière du Prophète ﷺ

﴿لَقَدْ كَانَ لَكُمْ فِي رَسُولِ اللَّهِ أُسْوَةٌ حَسَنَةٌ﴾

« *En effet, vous avez dans le Messager d'Allah un excellent modèle [à suivre]...* »[12]

... et la parole de Son Prophète ﷺ :

(صَلُّوا كَمَا رَأَيْتُمُونِي أُصَلِّي)

« *Priez comme vous m'avez vu le faire.* »[13]

Il est préférable de prier ces prières *Rawâtib* et le *Witr*, à la maison, mais, si on les prie à la mosquée, il n'y pas de mal, selon la parole du Prophète ﷺ :

(أَفْضَلُ صَلَاةِ المَرْءِ فِي بَيْتِهِ إِلَّا الصَّلَاةُ المَكْتُوبَة)

« *La meilleure prière est celle priée à la maison, sauf la prière obligatoire [qui doit se faire à la mosquée].* »[14]

Le fait de se tenir à ces prières surérogatoires est une des causes qui permet d'entrer au paradis, comme le dit Umm Ḥabîbah, dans un hadith

---

[12] Les Coalisés, v. 21.

[13] Rapporté par Al-Bukhârî.

[14] Rapporté par Al-Bukhârî et Muslim.

rapporté dans Sahîh Muslim : « J'ai entendu le Prophète ﷺ dire :

(مَا مِن عَبْدٍ مُسْلِمٍ يُصَلِّي لله كُلَّ يَوْمٍ ثِنْتَيْ عَشْرَةَ رَكْعَةً تَطَوعاً غَيْرَ فَرِيضَةٍ إلاَّ بَنَى اللهُ لَهُ بَيْتاً في الجَنَّةِ)

« *Tout musulman qui prie volontairement chaque jour douze Rakᶜât surérogatoires, en dehors des prières obligatoires, Allah lui construit une demeure au paradis.* » L'imam At-Tirmidhî a donné de ce hadith l'explication que nous avons mentionnée ci-dessus.

C'est bien aussi de prier quatre Rakᶜât avant la prière de l'*Asr* ; deux, avant le *Maghrib* et deux, avant l'*Ishâ'*, selon la parole du Prophète ﷺ :

(رَحِمَ اللهُ امْرَأً صَلَّى أَرْبَعاً قَبْلَ العَصْرِ)

« *Allah a accordé Sa miséricorde à une personne qui a prié quatre Rakᶜât avant la prière de l'Asr.* »[15]

… et la parole du Prophète ﷺ :

---

[15] Rapporté par Ahmad, Abû Dâwûd, et At-Tirmidhî qui l'a qualifié de *Hassan*. Rapporté aussi par Ibn Khuzaymah qui l'a authentifié ; sa chaîne de rapporteurs est authentique.

La Description de la Prière du Prophète ﷺ

(بَيْنَ كُلِّ أَذَانَيْنِ صَلَاةٌ بَيْنَ كُلِّ أَذَانَيْنِ صَلَاةٌ ثُمَّ قَالَ فِي الثَّالِثَةِ لِمَنْ شَاءَ)

« *Il y a une prière entre chaque appel*[16], *il y a une prière entre chaque appel... Puis, à la troisième fois, il a dit : « Pour celui qui veut. »* »[17]

Et c'est Allah Qui facilite toute chose... Voilà ce qu'a dicté [l'humble serviteur] qui a besoin [de la miséricorde] de Son Seigneur, ᶜAbdul-ᶜAzîz ibn ᶜAbdullâh Ibn Bâz – qu'Allah lui pardonne et lui fasse miséricorde, ainsi qu'à ses parents et à tous les musulmans.

Et que la prière et le salut d'Allah soient sur notre Prophète Muḥammad, sa famille, tous ses Compagnons et tous ceux qui le suivent de la meilleure manière jusqu'au jour de la Résurrection.

---

[16] Le premier appel est l'appel à la prière (*al-Âdhân*), et le deuxième, *Al-Iqâmah*.

[17] Rapporté par Al-Bukhârî.

Table des matières

La description de la prière .... - 5 -
Les invocations après la prière ...... - 26 -
Les prières surérogatoires ....- 31 -

www.ingramcontent.com/pod-product-compliance
Lightning Source LLC
Chambersburg PA
CBHW070341120526
44590CB00017B/2979